TROMMEL TRAUM GIRL

Wie ein mutiges Mädchen die Welt der Musik veränderte

Text von Margarita Engle

Bilder von Rafael López

Deutsch von Anne Brauner

Gratitude Verlag • Hamburg

Vom kräftigen Spielen langer Congas
vom zarten Antippen kleiner Bongos
und Bom Bom Booom
auf großen runden silbernen
mondhellen Timbales
mit langen harten Stöcken.

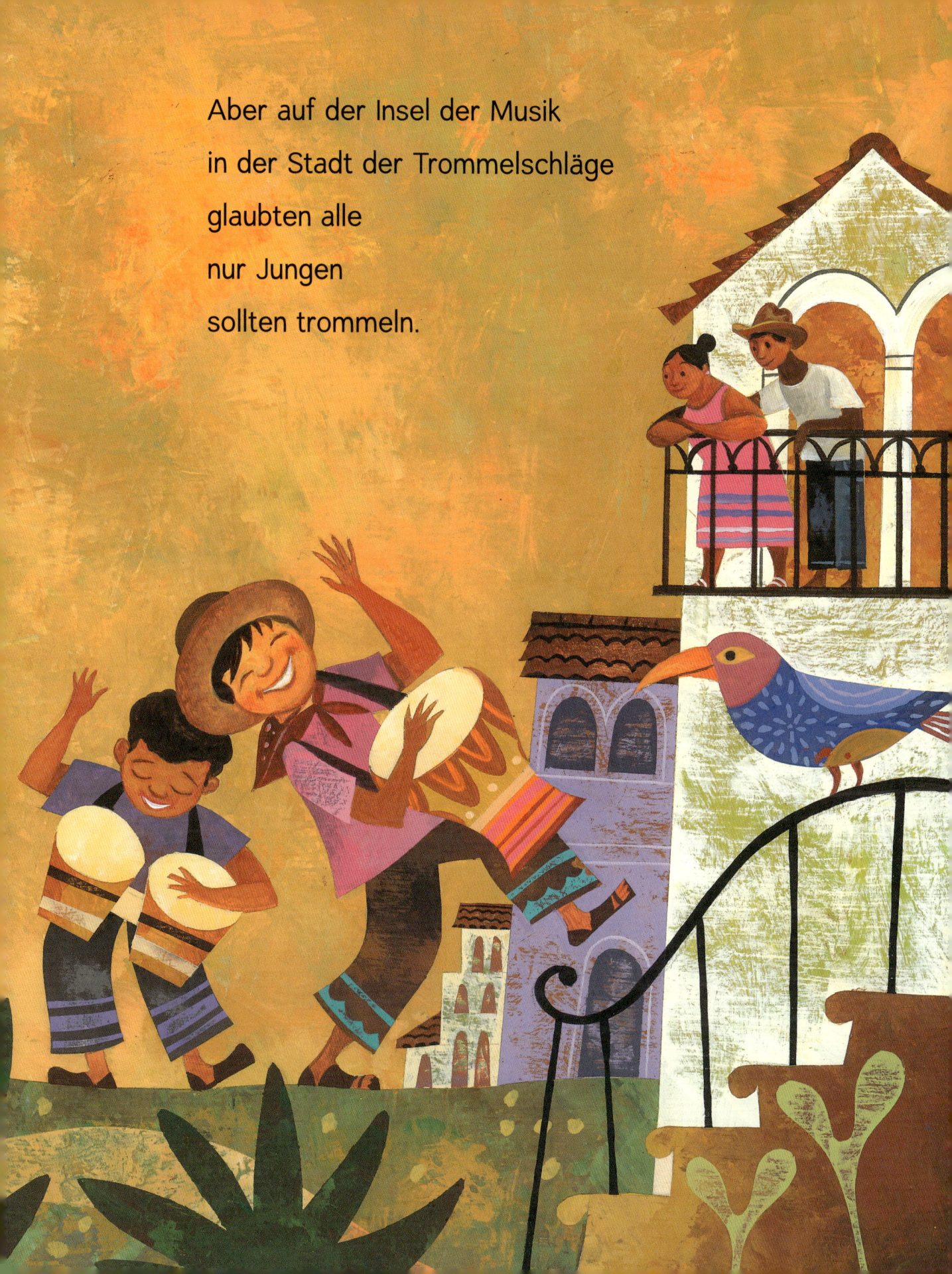

Aber auf der Insel der Musik
in der Stadt der Trommelschläge
glaubten alle
nur Jungen
sollten trommeln.

Das Trommeltraumgirl musste darum weiter still und heimlich Trommelträume träumen.

In den Garten-Cafés

hörte sie die Männer trommeln

wenn sie die Augen schloss

hörte sie gleichzeitig

die Musik ihrer Träume.

Wenn sie in einem blühenden Park
unter windverwehten
Palmen spazierte
hörte sie das Schwirren der Papageienflügel
das laute Klacken der Spechte
das tanzende Trippeln
ihrer Schritte
und das tröstliche Pochen
ihres eigenen
Herzschlags.

An Karneval lauschte sie
dem rasselnden Rhythmus
riesengroßer
Tänzer
auf Stelzen

Und dem Drachenklappern verkleideter Trommler mit aufregenden Masken.

Zu Hause schlugen
ihre Fingerkuppen
wie von selbst einen
trommelverträumten Takt
auf Tischen und Stühlen...

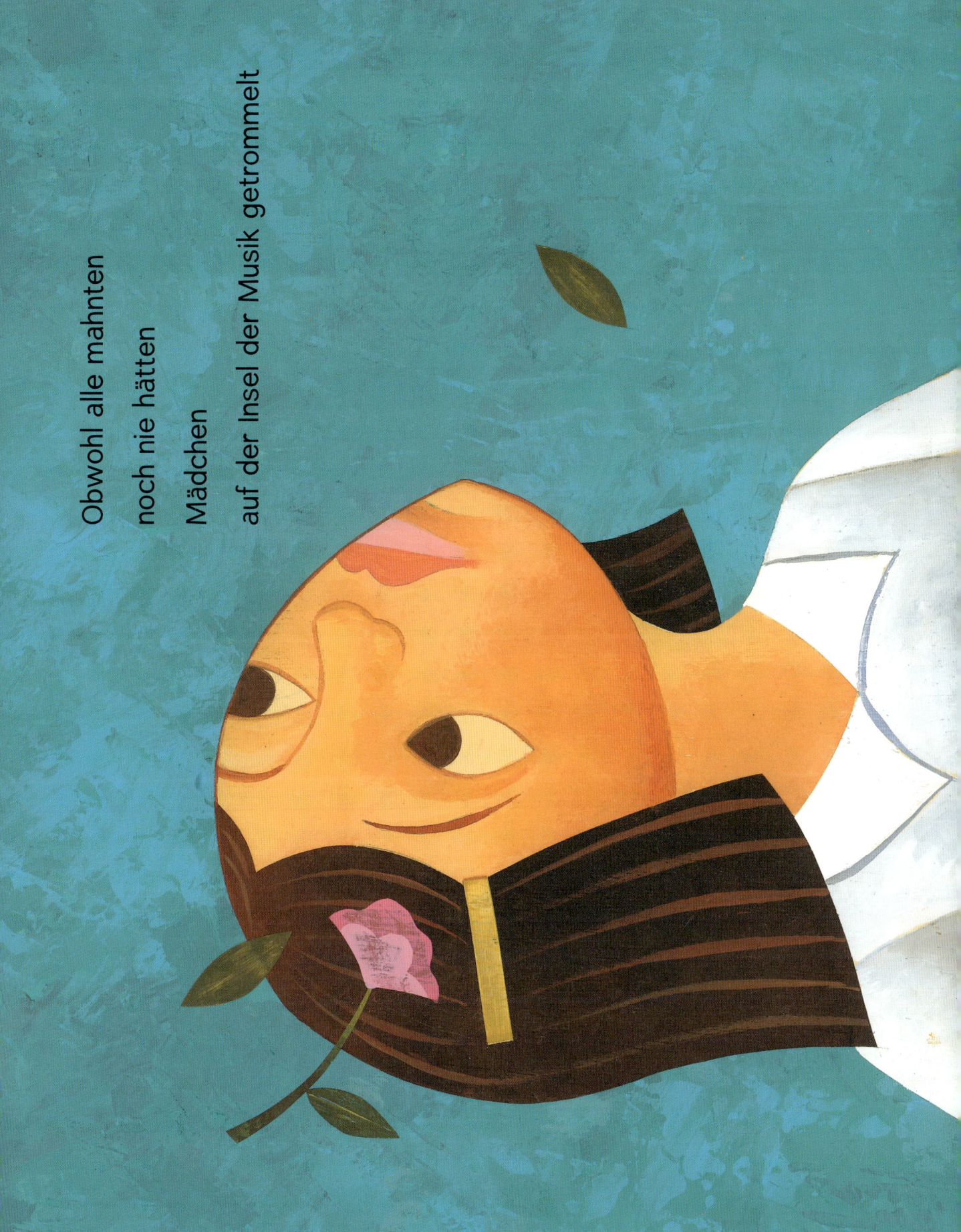

traute sich das Trommeltraumgirl

und spielte

lange Congas

kleine Bongos

und große runde silberne

mondhelle Timbales.

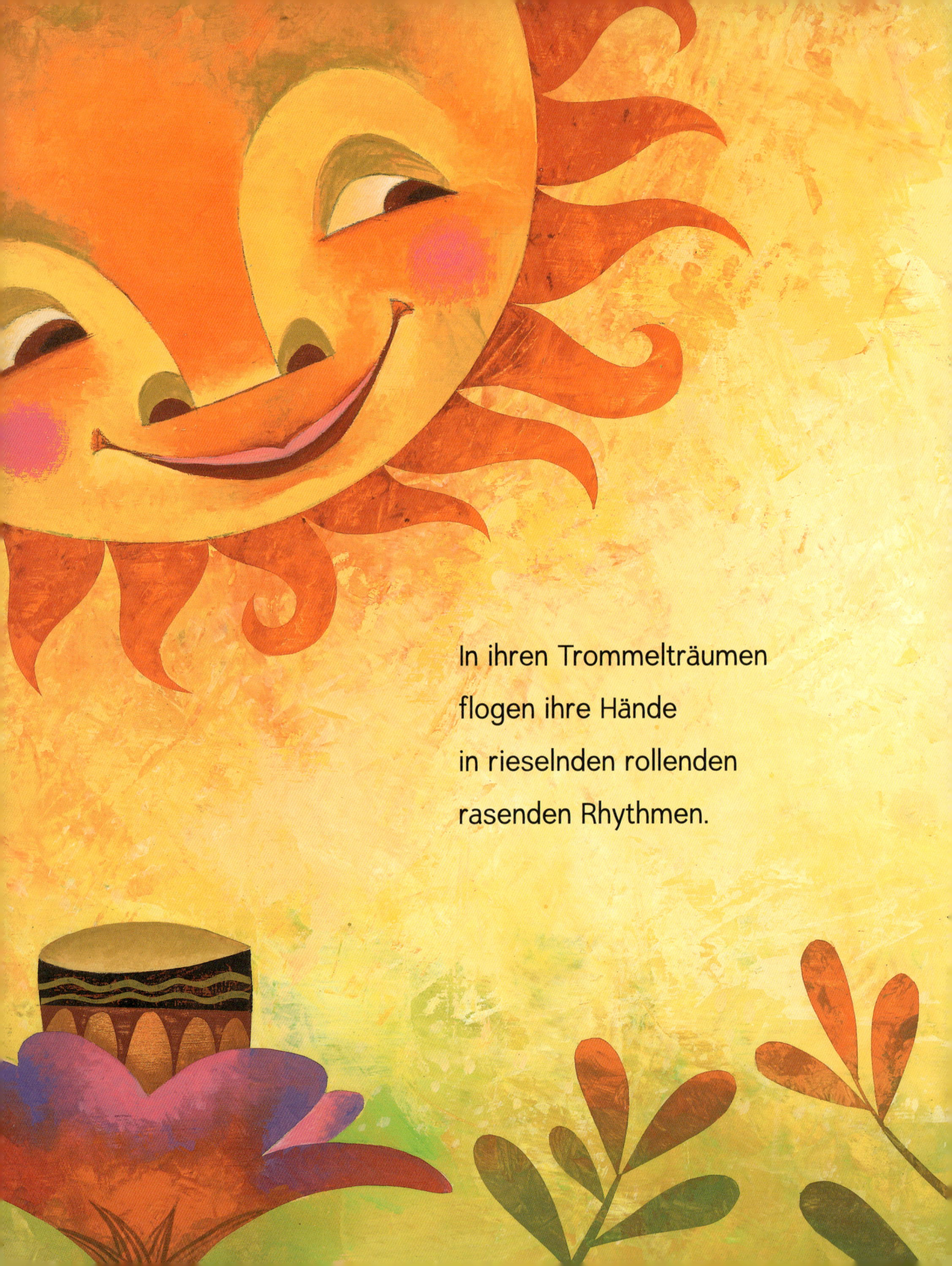

In ihren Trommelträumen
flogen ihre Hände
in rieselnden rollenden
rasenden Rhythmen.

Ihre großen Schwestern luden sie begeistert zum Mitmachen ein in ihrer neuen Mädchen-Tanz-Band

Aber ihr Vater sagte:
Nur Jungen dürfen trommeln.

Da staunte der Lehrer des Trommeltraumgirls. Das Mädchen konnte so viel und lernte bei ihm noch mehr Und immer

mehr

Und sie übte
und übte
und übte.

Bis der Lehrer ihr erlaubte
unter Sternen
im Garten-Café zu trommeln.
Dort spielte sie ihre
kleinen Bongos.

Und alle die den Klang
ihrer traumhellen Musik hörten
sangen
und tanzten
und beschlossen:
Von nun an
dürfen Mädchen
trommeln

Und alle Mädchen und Jungen
dürfen grenzenlos
träumen.

Historische Anmerkung

Das Gedicht wurde von der Kindheit eines chinesisch-afrikanisch-kubanischen Mädchens inspiriert, das Kubas traditionelles Tabu gegen Trommlerinnen brach. 1932 trat die zehnjährige Millo Castro Zaldarriaga mit ihren älteren Schwestern in Kubas erster reiner Mädchenband namens Anacaona auf. Millo wurde als Musikerin weltberühmt und konzertierte mit allen amerikanischen Jazzgrößen ihrer Zeit. Im Alter von fünfzehn Jahren spielte sie auf einer Geburtstagsfeier zu Ehren von Franklin Delano Roosevelt, Präsident der USA, ihre Bongos. Die First Lady Eleanor Roosevelt war von ihrem Auftritt begeistert. Mittlerweile gibt es auf Kuba viele Trommlerinnen. Millos Mut ist es zu verdanken, dass es für die Mädchen auf der Insel kein unerreichbarer Traum mehr ist, Trommlerin zu werden.

Danksagung

Ich danke Gott für kreative Träume. Für ihre wundervolle Autobiografie *Anacaona: The Amazing Adventures of Cuba's First All-Girl Dance Band* danke ich Millos Schwester Alicia Castro, Ingrid Kummels und Manfred Schäfer (Atlantic Books, London 2002). Außerdem bedanke ich mich ganz besonders bei meiner Familie, meinen Lektorinnen Reka Simonsen und Jeannette Larson, der Designerin Elizabeth Tardiff und dem gesamten Team des HMH-Verlags. – M.E.

Impressum

ISBN: 978-3-9820768-8-1

1. Auflage 2023 • 2015 erschienen unter dem Originaltitel *DRUM DREAM GIRL – How One Girl's Courage Changed Music* bei HMH Books for Young Readers, Illustrated Edition

Text © 2015 Margarita Engle • Illustrationen © 2015 Rafael Lopez

Diese Übersetzung wurde in Zusammenarbeit mit HMH Books for Young Readers herausgegeben. • Alle Rechte vorbehalten.
Für die deutschsprachige Ausgabe © 2023 Gratitude Verlag, Lohmühlenstraße 1, 20099 Hamburg
www.gratitudeverlag.de
Aus dem Englischen übersetzt von Anne Brauner • Lektorat: Carola Henke
Druck: SIA Livonia Print • Printed in Europe

Die Illustrationen in diesem Buch wurden mit Acrylfarbe auf Holzplatte angefertigt.
Der Text dieses Buches ist gesetzt in der Schrift Amescote, die Überschriften in Cathodelic.

Für meine Enkelkinder – M.E.

Für meine Mutter Pillo, die Architektin ist und mutig die Gläserne Decke über ihren Träumen durchbrochen hat – R.L.

Margarita Engle, eine kubanisch-amerikanische Lyrikerin und Romanautorin, hat ihre Werke in vielen Ländern veröffentlicht. Preisgekrönt wurden u. a.: *Silver People: Voices from the Panama Canal*; *The Lightning Dreamer: Cuba's Greatest Abolitionist*; *The Wild Book* sowie *The Surrender Tree: Poems of Cuba's Struggle for Freedom*, ein *Newbury Honor*-Buch. Die Autorin wurde mehrmals mit dem Américas Award sowie der Pura Belpré Medal ausgezeichnet. Margarita Engle lebt in Nordkalifornien.

www.margaritaengle.com

Rafael López wuchs in Mexico City auf und saugte das reichhaltige kulturelle Erbe und das bunte Leben auf den Straßen in sich auf. Sein lebenssprühendes Werk umfasst u. a. die Bilderbücher *Tito Puente, Mambo King* und *My Name Is Celia*, beide verfasst von Monica Brown, sowie *Book Fiesta!* von Pat Mora. Als gefeierter Wandmaler hat er landesweit kommunale Wandmalereiprojekte entworfen. Er lebt in San Miguel de Allende, Mexiko, und San Diego, Kalifornien.

www.rafaellopez.com